…ÈQUE L. CURMER.

ENSEIGNEMENT UNIVERSEL

HISTOIRE
DE LA PEINTURE

PAR

M. B. HAUREAU,

Conservateur des Manuscrits de la Bibliothèque Nationale.

Adopté par l'Association pour l'Éducation populaire.

10 centimes.

PARIS.

…DE L. CURMER,

…lieu, 47, AU PREMIER

1851

ASSOCIATION
POUR L'ÉDUCATION POPULAIRE.

L'Association pour l'éducation populaire a pour but de contribuer au développement de l'éducation et de l'instruction du peuple. Elle se propose, pour y arriver, d'employer les moyens suivants :

Provoquer la composition ou la traduction de traités élémentaires des sciences les plus utiles, de manuels technologiques, de récits moraux et instructifs, de traités des devoirs et des droits des citoyens ;

Appeler des dons et des souscriptions, et en employer le montant à la distribution gratuite de livres spéciaux dans les ateliers, dans les établissements agricoles, les écoles régimentaires, aux convalescents des hôpitaux civils et militaires, aux détenus, et aussi dans les écoles primaires et les ouvroirs ;

Publier des programmes d'ouvrages destinés à réaliser ses vues, et décerner des prix aux auteurs qui auront le mieux rempli les conditions de ces programmes ;

Encourager la formation de bibliothèques communales ;

Lutter contre le colportage des mauvais livres et y substituer la distribution des livres adoptés par l'Association, en donnant des primes aux colporteurs ;

Établir des correspondances avec les maires des communes, les ministres de tous les cultes, les instituteurs primaires, les associations religieuses et charitables ;

Provoquer l'établissement de comités dans les départements et la formation de sociétés de dames, qui distribueront les livres dont l'Association aura la disposition.

L'Association appelle le concours de collaborateurs dont les mille premiers recevront le titre d'*associés fondateurs*. Une cotisation mensuelle de QUATRE FRANCS sera payée par eux, et leur donnera droit à la remise gratuite de *quarante petits volumes du prix de dix centimes*, qu'ils distribueront selon leur volonté.

L'Association admet en outre tous les dons et souscriptions qui lui sont adressés, et dont l'emploi a lieu en distributions gratuites des ouvrages approuvés par elle.

Les adhésions et souscriptions doivent être envoyées *franco* à l'AGENT GÉNÉRAL DE L'ASSOCIATION, rue Richelieu, 47 (ancien 49).

BIBLIOTHÈQUE L. CURMER.

ENSEIGNEMENT UNIVERSEL

HISTOIRE
DE LA PEINTURE

PAR

M. B. HAURÉAU,

Conservateur des Manuscrits de la Bibliothèque Nationale.

Adopté par l'Association pour l'Éducation populaire.

PARIS.

L. CURMER.
Rue de Richelieu, 47, AU PREMIER.

1851

ASSOCIATION
POUR L'ÉDUCATION POPULAIRE.

L'Association pour l'Éducation populaire approuve l'impression de l'ouvrage intitulé : **Histoire de la peinture**, par M. B. HAURÉAU.

Paris, le 7 Mars 1851.

Le Vice-Président,
D'ALBERT DE LUYNES.

Pour ampliation:
F. LOCK,
Secrétaire général.

La **Bibliothèque L. Curmer** est destinée à enserrer dans un vaste réseau de publications *tout* ce qui touche à l'**Enseignement Universel**, à l'**Enseignement Moral** et à l'**Enseignement Élémentaire**. Sous le premier titre, elle aborde toutes les questions qui dérivent de la Constitution; sous le deuxième, elle comprend une série d'histoires et de récits instructifs et amusants; sous le troisième, elle donne des notions de toutes les sciences.

Elle fait un appel à l'*intelligence*, en la conviant à répandre ses bienfaits sur tous ceux qui ont besoin d'apprendre; à la *richesse*, en l'engageant à populariser ces petits écrits et à les distribuer avec la profusion qu'ils méritent par leur but et leur importance; aux *travailleurs*, en leur offrant un moyen sûr et peu dispendieux d'acquérir sans peine toutes les connaissances qui forment l'homme et le citoyen.

Ces petites publications coûtent 10, 20, 30, 40 et 50 centimes, selon le nombre de feuilles de 32 pages, et celui des gravures qui servent à l'explication du texte.

HISTOIRE

DE LA PEINTURE

Les arts d'imitation sont nés du besoin que l'homme a de représenter au moyen d'images réelles certaines idées qu'il ne saurait concevoir sans leur prêter une forme. Ces idées ne sont pas, en effet, de simples jugements : l'imagination contribue pour une part très importante à leur génération, et leur prête la forme qui ne les abandonne jamais. Ainsi, nous distinguons parfaitement le juste de l'injuste sans employer aucune image; mais, pour concevoir le beau, il faut imaginer une belle chose; et, si l'on veut transmettre à d'autres cette conception, on ne peut le faire sans façonner une matière à la ressemblance de l'image qui s'est offerte aux regards de l'esprit.

L'usage n'est pas de comprendre les arts d'imitation au nombre des inventions utiles. Ils ont cependant une grande utilité. C'est par eux que l'intelligence exprime le plus grand nombre de ses pensées ; c'est la langue qu'elle emploie de préférence pour communiquer ses rêves les plus agréables et ses plus énergiques sentiments. Si l'homme était né simplement pour vivre, à la façon des végétaux, les arts d'imitation ne lui seraient pas utiles : mais il est né avec d'autres appétits que ceux du corps, et il ne saurait les satisfaire sans le secours des sciences qui recherchent la vérité, des arts qui reproduisent et interprètent les émotions de l'âme. L'intelligence de l'homme ne peut se contenter de jouissances solitaires et muettes, et les arts d'imitation servent de parole à la plus active, la plus laborieuse faculté de l'intelligence, l'imagination.

On les appelle arts d'imitation, parce qu'ils se proposent d'imiter la nature en l'accommodant aux fantaisies de l'intelligence. De même que la règle des idées abstraites est le sens commun, celle des idées figurées, que les philosophes nomment fantaisies, est le bon goût. Ce sont là de vieilles formules; mais elles ont été dès l'abord bien trouvées, et nous avons lieu de croire qu'on ne les changera pas, parce qu'il n'est guère permis de changer la nature des choses.

La peinture est un art d'imitation, comme la sculpture. Elle a de commun avec la sculpture de représenter des images : ce qui lui est propre, c'est de les représenter sur une surface unie, par certains procédés qui satisfont l'œil en le trompant. Un de ces procédés consiste à combiner les lumières et les ombres, pour produire l'illusion du relief ; ce dont la sculpture n'a pas à s'inquiéter, puisqu'en fouillant la pierre ou le marbre, elle y trouve l'exacte dimension des corps qu'elle prétend figurer. Un autre procédé particulier à la peinture est de marquer la distance des objets en leur attribuant une dimension proportionnelle, dimension déterminée de la manière la plus précise par les règles de l'optique. Enfin, la peinture se servant de couleurs, ajoute aux effets de lumière, d'ombre et de perspective linéaire, le charme plus délicat et plus saisissant du coloris.

Tels sont les procédés de la peinture.

Il ne faut pas croire qu'on les ait inventés et perfectionnés du premier coup. Que sont, en effet, ces procédés? Des artifices, d'ingénieux moyens mis en œuvre pour abuser les sens. Or, on n'arriva pas à ce résultat sans passer par une série d'épreuves défectueuses, et l'histoire de ces épreuves, dont on nous a conservé les précieux monuments, est l'histoire même des origines de la peinture.

Les premiers peintres, n'employant qu'une seule couleur, indiquaient par une silhouette la limite et le contour des objets. A la vue de quelques profils ainsi disposés sur une surface incolore, on pouvait assurément déclarer le genre et l'espèce des objets représentés: ainsi, l'on distinguait, sans commettre aucune méprise, dans la représentation d'un sacrifice, le prêtre, le bœuf et l'autel; mais il était beaucoup plus difficile de dire le nom du personnage que le peintre avait mis en scène sous la robe sacerdotale : aussi, pour enlever tout prétexte à l'erreur, il avait coutume d'inscrire ce nom au-dessous du portrait.

Plus tard, on fit usage de diverses couleurs, mais on n'osa pas d'abord les mélanger, et chercher dans ce mélange des tons fuyants et des tons saillants. Les couleurs distribuées par teintes plates divisaient les corps en plusieurs compartiments, mais ne laissaient pas soupçonner les formes voilées, loin de servir à leur donner du relief. Dans le même temps, on appliqua des enduits colorés aux ouvrages de la sculpture : essai malheureux, qui ne paraît pas, toutefois, avoir offensé le goût si fin et si sûr des sculpteurs grecs.

Enfin, s'il faut s'en rapporter au témoignage de tous les historiens, on n'a pas connu, dans les temps reculés, les règles de la perspective, ou, du moins, on a négligé de s'y conformer.

L'histoire des arts, comme l'histoire des sciences, commence avec les Egyptiens. La peinture leur servit d'abord à former des signes symboliques, et fut la manière d'écrire employée par les ministres de leurs dieux. Cette peinture primitive n'est qu'un trait grossier. Il ne faut pas demander aux peintres égyptiens une exacte configuration des objets : ils n'ont pas recherché cette exactitude. On doit cependant reconnaître que le contour de leurs figures ne manque ni de noblesse, ni d'élégance, et que les maîtres des premiers âges n'ont pas tous eu leur habileté.

Après les Egyptiens, viennent les Grecs.

Bularchus est, dit-on, le premier des Grecs qui, sur un fond simple, distribua des couleurs variées : il vivait du temps de Candaule. On désigne après lui Panæus, frère ou cousin de Phidias, qui peignit la bataille de Marathon, et Polygnote de Thasos, qui se distingua par une plus juste proportion des figures : il représenta le premier, suivant Pline, des femmes en robes blanches, la tête chargée d'ornements colorés, et la bouche ouverte par un demi-sourire. Il eut pour rival Mycon, qui décora l'une des faces du Pécile. Apollodore d'Athènes les surpassa tous dans le portrait, et fut lui-même oublié quand parut Xeuxis, d'Héraclée. Le plus célèbre des peintres grecs, celui qui passait encore du temps de Pline pour avoir atteint l'extrême limite de l'art, aux points de vue divers de la correction, de la grâce et de l'énergie, est Apelle, de Cos, contemporain et ami d'Alexandre-le-Grand.

Si éclatants toutefois qu'aient été les mérites d'Apelle et de ses disciples, on ne saurait accorder aux derniers peintres de l'antiquité grecque l'estime qui est acquise aux sculpteurs du même temps. Ceux-ci n'ignorèrent aucun des secrets de leur métier, et si l'on a perfectionné les instruments dont ils faisaient usage, ces perfectionnements n'ont eu d'autre résultat que de rendre le travail plus prompt et plus facile : ils ne nous ont pas donné d'œuvres supérieures à celles de Phidias et de Praxitèle. Les ouvrages des peintres grecs sont, au contraire, pleins d'imperfections. Ils ont su convenablement grouper des figures sur un seul plan, et leur donner la saillie du demi-relief ; mais ils se sont arrêtés là : loin de soupçonner qu'il était possible de mettre en scène, sur une table rase, autant de plans que l'œil peut en distinguer dans la nature jusqu'à la limite du plus lointain horizon, ils n'ont pas même connu les subtils stratagèmes du modelé, et leurs figures aux arides contours n'occupent pas, dans la profondeur de l'atmosphère, la place que réclame le libre jeu des membres humains. Pline nous apprend qu'Apelle peignait avec quatre couleurs, le blanc, l'ocre, le rouge et le noir. Ce renseignement nous fait assez connaître que la coloration des peintures grecques devait être peu riche et peu variée. Cependant quand on possède la science des demi-tons, on peut, dans une certaine mesure, suppléer à l'insuffisance des tons primitifs. Or, aux plus beaux jours de l'art grec, on ne demandait à la couleur que la teinte locale, et, si l'on prenait soin de distinguer deux ordres de surfaces, les surfaces éclairées et les surfaces ombrées, on négligeait tous les reflets, on ignorait toutes les ressources et tout le charme du clair-obscur. Les Grecs n'apprirent jamais que les conditions de la peinture diffèrent beaucoup des conditions de la sculpture : leurs fresques se recommandent par la noblesse du style; on ne les saurait trop louer sous ce rapport; mais il leur manque précisément ce qui constitue l'originalité de l'art de peindre.

Les Romains, sous les Empereurs, eurent aussi des peintres, qui, disciples des Grecs, ne les surpassèrent pas. Ce qui reste de leurs ouvrages ne fait pas regretter beaucoup ce que le temps en a détruit. Tous les arts sont entrés dans leur période de décadence. Vainement, au fond des catacombes, quelques chrétiens s'efforcent de ranimer, par d'ingénieuses transformations, les types de la peinture païenne; en même temps que les traditions sociales, les traditions de l'art s'altèrent chaque jour et vont tout-à-fait disparaître dans un épouvantable cataclysme. Voici les Barbares!

Les tumultes, les dévastations qui accompagnèrent et suivirent l'invasion des Barbares, ne laissèrent pas aux populations vaincues le repos d'esprit que réclament l'étude et la culture des arts. Quand, après un ou deux siècles de tempêtes, le calme revint, on n'eut rien de plus pressé que de courir vers les autels. Ils étaient en ruine; on les releva. C'est alors qu'on vit quelques artistes Byzantins orner de pâles fresques les murs des nouvelles églises, et transporter ensuite les mêmes sujets, avec les mêmes tons, sur le vélin des livres sacrés. Ils firent aussi beaucoup d'ouvrages en mosaïque. Mais, bien que de nos jours on se soit pris d'une grande passion pour les ouvrages de ces artistes, il faut tenir ces ouvrages pour les essais rustiques et informes d'un art nouveau, plutôt que pour les derniers monuments de l'art antique. Entre les fresques savantes d'Herculanum et les décorations bizarres, souvent grotesques, des manuscrits Byzantins, il n'y a que de lointaines ressemblances. L'ancien monde est tombé dans l'abîme, et s'il reste debout, sur le sol chrétien, quelques débris des établissements du passé, si les générations qui viennent de naître ont retenu quelque souvenir des lois, des usages et des mœurs des générations évanouies, elles ont perdu les traditions de l'école d'Apelle. Les peintres Byzantins commencent une autre période, et ils la commencent par de grossières ébauches; mais, empressons-nous de l'annoncer, ils doivent avoir un jour pour élèves les plus grands de tous les maîtres.

L'Occident ne paraît pas avoir manifesté le goût des arts avant le neuvième siècle. L'Eglise latine avait contre eux beaucoup de préjugés. Quand elle recherchait pour les détruire les chefs-d'œuvre de la littérature païenne, elle ne pouvait rechercher pour les imiter les plus beaux ornements de l'ancien temple : ces images des faux dieux ne lui inspiraient que de l'horreur. Cependant, vers le neuvième siècle, quelques moines d'Italie, prenant l'art de peindre au point où venaient de le conduire les derniers artistes de Byzance, enrichirent de figures et d'ornements capricieux les nouvelles copies des livres saints. Ils s'exercèrent encore à peindre sur émail. On nous montre des émaux qui leur sont attribués. Mais ce ne sont encore là que des œuvres informes. Vers le même temps, on obtint du verre coloré diverses teintes du plus vif éclat, et l'on découpa ce verre, profondément pénétré par la couleur, pour réunir ensuite ces découpures, et composer, suivant la méthode des mosaïstes, de vastes tableaux représentant des légendes populaires ou des scènes de l'histoire biblique. Ce fut l'origine de la peinture sur verre, branche de l'art de peindre qui prit de rapides développements dès qu'elle eut perfectionné ses procédés. On sait, en effet, que les splendides verrières du treizième siècle joignent à la richesse des tons l'ingénieux agencement des figures, la recherche des lignes et des formes, et, quelquefois, le travail du modelé.

Nous venons de nommer le treizième siècle : c'est la date d'une ère nouvelle. La société chrétienne, arrivée à son âge viril, va produire de grands philosophes, de grands poètes, de grands artistes. Mais les premiers de ces artistes taillent la pierre et construisent des cathédrales : s'ils réclament le concours des peintres, ils ne leur demandent que des travaux subalternes, qu'il faut accommoder aux convenances de l'architecture. Cependant on signale, dans quelques villes d'Italie, d'habiles ouvriers qui travaillent à restaurer l'antique honneur de la peinture, et l'ont déjà presque mise hors de servitude. Leur pinceau trace sur le bois ou sur la pierre des personnages dont la physionomie exprime un sentiment, et les mouvements une action : c'est une nouveauté qui ne peut manquer d'avoir un succès populaire ; et, en effet, la foule accourt de toutes parts devant ces images qui ont l'apparence de la vie, et, comprenant les subtils desseins de ces artistes, elle admire leurs ouvrages. On a conservé des monuments fort curieux de cette peinture primitive : les intentions les plus délicates y sont rendues par les traits les plus grossiers ; mais ce qui donne le plus de prix à ces rudes labeurs, c'est qu'on y voit le cachet de l'art moderne. La peinture antique ne connaissait que la grâce ou la majesté de la forme ; le propre de la peinture moderne sera de chercher la traduction fidèle de la pensée, de saisir et de représenter tous les mouvements des passions, tous les contrastes des caractères, toutes les variétés des habitudes, des vertus et des vices. Les peintres anciens n'avaient guère étudié que l'homme physique : les peintres modernes s'appliqueront de préférence à l'étude de l'homme moral.

Les peintres modernes se divisent en trois grandes et principales écoles : l'École italienne, l'École flamande, l'École française. Nous parlerons successivement des unes et des autres.

De ces trois Écoles, l'École italienne est celle qui doit le plus à l'antiquité. Elle ne s'est pas inspirée des peintures, mais des sculptures antiques, et, dans l'étude et l'admiration de ces beaux modèles, elle a pris des airs de noblesse qui la distinguent de toutes ses rivales. Elle a, d'ailleurs, été leur maîtresse. C'est elle qui, la première, a réduit en préceptes l'art de composer un tableau; de varier les plans; d'unir sans discordance les tons les plus opposés; de combiner, dans un ensemble harmonieux, la lumière la plus éclatante, l'ombre la plus épaisse, les reflets les plus vagues, les demi-teintes les plus transparentes. En un mot, elle a deviné, pour les propager ensuite, tous les secrets de la peinture.

L'École italienne se divise elle-même en plusieurs écoles qui se sont distinguées par des recherches particulières et ont des caractères différents.

L'école de Florence, célèbre comme ses plus anciens maîtres Giunta, de Pise; Guido, de Sienne; Cimabue, Giotto, Buffalmacco, Orcagna, Masaccio, Giovanni de Fiesole. Masaccio, né dans le val d'Arno vers 1401, se servit encore des procédés transmis par les peintres Byzantins : il peignait sur un enduit de cire avec des couleurs dépourvues de transparence. Ses élèves firent usage de couleurs préparées à l'huile, suivant les instructions de Jean Van Eyck, de Bruges. Dès lors, il y eut une révolution dans l'art de peindre : avec des ressources nouvelles, ou, si l'on veut, avec des procédés déjà connus, dont on venait d'apprendre à faire meilleur usage, on s'efforça d'atteindre des résultats nouveaux, et l'on s'appliqua davantage à l'observation de la nature. Né vingt ans après Masaccio, Léonard de Vinci semble séparé de son maître par l'intervalle d'un siècle : entre les œuvres de l'un et de l'autre on ne rencontre plus que des rapports incertains. André del Sarte vient ensuite enrichir de tons plus variés la palette de l'école florentine. Enfin parut Michel-Ange, le plus grand nom de la sculpture moderne, un des plus grands de la peinture, génie pour ainsi dire incomparable, qui trouva tout à la fois un style et des effets nouveaux, n'imita personne et ne put être imité. Rien ne manque assurément à la gloire de l'école florentine, puisqu'elle a produit de tels hommes. Si l'on demande quel est le caractère particulier des ouvrages de cette école, nous dirons que c'est la mélancolie. Tous les peintres florentins sont rêveurs. La rêverie douce et tendre est celle de Léonard de Vinci, de Luini et d'André del Sarte : Celle de Michel-Ange est la rêverie rude, sévère, qui ne connaît pas le sourire et ne veut pas être consolée.

L'école romaine ne désigne aucun nom célèbre avant celui de Guido Palmerucci. Nous nommerons ensuite Pietro Vanucci, né à Pérouse en 1446, dit le Pérugin. Bien que la brillante renommée du Pérugin ait été promptement éclipsée par celle de ses élèves, il y a dans ses ouvrages des qualités qui les ont protégés contre l'oubli : c'est le premier des peintres romains qui ait traité les sujets religieux sans mépris pour la nature ; le premier qui n'ait pas cherché l'idéal de la perfection spirituelle dans l'amaigrissement et l'altération des formes humaines. Après lui, parut le maître des maîtres, Raphaël Sanzio, né en

1483, mort en 1520. Il suffit de nommer Raphaël : on n'a jamais discuté ses titres à la gloire, et, même durant ces crises passagères où les caprices de la mode usurpent l'autorité du goût, le nom de Raphaël a toujours été respecté. L'école romaine eut ensuite Jules Romain, Pierino del Vaga, Polydore de Caravage, Garafolo et quelques autres maîtres d'un moindre mérite. Ce qui est particulier à l'école romaine, c'est la noblesse et l'ampleur des formes, la gravité sereine des physionomies : ne visant qu'aux grands effets, elle dédaigne les subtilités de la brosse ; paraissant même ignorer l'emploi de ces charmantes fourberies qu'on appelle les finesses de l'atelier, elle rend avec franchise, et, pour parler le langage technique, en pleine pâte, tout ce qui, dans la nature, lui semble digne d'être rendu. C'est principalement dans les ouvrages de l'école romaine qu'on reconnaît l'étude des sculpteurs anciens.

Au quinzième siècle, Venise est une ville orientale : elle marche parée d'étoffes aux vives couleurs, et ses goûts, comme ses mœurs, trahissent ses relations trop intimes avec les voluptueuses cités de l'Asie-Mineure. Elle n'aura donc pas un art sévère, mais un art sensuel et facile, qui ne provoquera pas à rêver ou à penser, mais à aimer. Telle est la peinture vénitienne. Elle néglige le style : mais s'agit-il de rassembler sur un beau visage tous les charmes que peut inventer l'imagination la plus féconde et la plus émue? c'est l'affaire d'un peintre vénitien. L'école vénitienne s'est montrée supérieure à toutes les autres écoles d'Italie en ce qui regarde le coloris et le décor : elle devait produire et a produit des paysagistes et des peintres de genre excellents. On cite d'abord, parmi les Vénitiens, les deux Bellini, André Mantegna et le Giorgione. Ce dernier, puissant coloriste, est le peintre de l'ardente fantaisie. Il eut pour élève et pour rival le Titien. Le Titien connut mieux que le Giorgione toutes les parties de la peinture, et sut réprimer la fougue de la brosse vénitienne, sans, toutefois, l'émousser ou l'amollir. Il faut désigner après lui Sébastien del Piombo, Jacopo Palma, Rocco Marconi, Pordenone, le Tintoret, Schiavone, le Bassan, Paul Véronèse. Leur qualité commune est la belle couleur ; le défaut de quelques-uns est le sacrifice du style à l'effet théâtral.

L'école de Parme a le Corrège et le Parmesan. C'est assez de parler de ces maîtres : leurs imitateurs viennent bien loin derrière eux. La peinture du Corrège est la perfection de l'art mondain. Elle ne cherche ni la vigueur, ni les poses tragiques : ce qu'elle veut rendre, c'est la suave mollesse, c'est la grâce moins chaste que décente. On n'a jamais poussé plus loin l'art de la séduction.

Bologne célèbre ses Carrache, le Guide, l'Albane, le Dominiquin. Ce sont des maîtres fiers, mais guindés, qui s'éloignent trop de la nature, mais excellent dans la pratique.

Enfin, l'école de Naples est représentée par Solario, Francesco di Maria, Vacaro, Salvator Rosa, Luca Giordano, Solimène, etc. C'est une école qui a bien vite connu la *manière*, et qui a préféré les effets éclatants à la simple grandeur.

Telles sont les diverses sections de l'Ecole italienne. Toutes elles montrent avec orgueil quelques grands noms inscrits sur leurs fastes ; toutes elles offrent à notre admiration plus ou moins de chefs-d'œuvre.

Vient ensuite l'Ecole flamande.

Celle-ci se divise en deux catégories entre lesquelles on peut signaler plus de rapports que de dissemblances : d'un côté, les peintres de la Flandre proprement dite; de l'autre, les peintres de la Hollande. Ni pour les uns, ni pour les autres il ne s'agit du style et de la nature noble. Nés en des villes marchandes, où l'on ignore les hautes convenances et les raffinements du goût aristocratique, où l'on ne demande pas souvent à la peinture d'orner les palais des princes de l'Eglise et du siècle, mais les somptueuses arrière-boutiques des riches citadins, ils ne s'inquiètent guère, pour la plupart, que de charmer les sens un peu grossiers de leurs Mécènes. L'Italie aura trouvé les règles du sublime dans l'art de peindre : la peinture flamande fuira la gravité, et presque toujours méprisera la noblesse, pour ne viser qu'à la belle humeur.

Il n'y a pas lieu de faire remonter la série des peintres Flamands au-delà de Jean Van Eyck, de Bruges, à qui l'on conteste aujourd'hui l'invention de la peinture à l'huile. Les plus grands noms qui se présentent après le sien sont ceux de Lucas de Leyde, et d'Hemeling. Porbus se distingue dans les portraits : Paul Bril, Jean Breughel, Abraham Bloemart enseignent les premiers à disposer les plans d'un paysage. Les maîtres dans ce genre sont Cornelius Poelenburg, Van der Neer, Jean Weynants, Rembrandt, célèbre à tant d'autres titres, Jean Both, Hobbema, Ruysdael, Wouvermans, Karel Dujardin, Berghem, Paul Potter, Cuyp, Huysmans, Waterloo. Ludolphe Backuysen est supérieur dans les marines. David Teniers, les Ostade, Van Bloemen, ne reconnaissent pas de maîtres dans l'art de grouper des figures joviales entre des pots de bière. Les scènes plus délicates et plus intimes de l'intérieur sont représentées par Terburg, Metzu et Gérard Dow. Daniel Seeghers et Jacques Van Huysum peignent la nature morte et les fleurs. Le premier des peintres flamands, Rubens, aborde les grands sujets, et les traite à la flamande. Ce qui manque à ses gigantesques compositions, on le voit du premier coup d'œil quand on vient d'admirer quelques ouvrages des écoles d'Italie : c'est la vraie grandeur, celle du style. Mais quelle fougue, quelle adresse et quel éclat ! On nous a montré de plus beaux visages, mais jamais de plus heureux. Rubens est le peintre de la vie. Ses plus habiles élèves furent Jordaens et Van Dyck. Van Dyck, qui n'habita guère son pays natal, eut de grands succès près de la noblesse d'Angleterre et travailla beaucoup pour elle. C'est afin de lui complaire qu'il rechercha l'élégance et la trouva souvent.

Est-ce la liste complète des peintres flamands? Il s'en faut bien : nous n'avons pas même désigné tous les noms glorieux de cette Ecole. Autant de maîtres, autant de genres différents, chacun faisant autre chose que ses rivaux en renommée, ou la même chose d'une autre manière. Quant aux imitateurs, on ne les compte pas; ils sont si nombreux, qu'on ne peut leur accorder aucune place, même dans les nomenclatures spéciales. Jamais Ecole ne fut plus féconde, et ne donna des produits plus variés. Ce qui les recommande tous, à des degrés, il est vrai, différents, c'est la finesse ou l'énergie de la couleur. Rembrandt, Ruysdael, Van der Neer, Ostade, Van Huysum et Rubens, ont même réuni ces deux qualités qui semblent naturellement s'exclure. Quelques coloristes italiens ont eu plus de chaleur; le ciel de Naples ou de Venise n'est pas assurément décoré des mêmes reflets que le ciel de Malines ou d'Amsterdam; mais sous un soleil ardent, les aspects de la nature sont monotones, tandis que la diversité, c'est-à-dire la richesse des tons, est le privilége des climats tempérés. Or, la perfection suprême de la peinture pittoresque est de reproduire ces tons divers avec l'harmonie qu'ils doivent à leur transparence, et les Flamands ont seuls atteint cette perfection. Les critiques exclusifs dédaignent les Flamands, ou n'estiment qu'eux. Il faut être en garde contre ces exagérations de l'esprit du système, et savoir partager son estime entre Michel-Ange et Rubens, Rembrandt et le Titien.

L'Ecole française n'a pas une moins vieille origine que l'Ecole italienne. Elle remonte, elle aussi, jusqu'au moyen-âge. Ses premiers maîtres, qui nous ont laissé des peintures sur vélin ou sur verre, étaient des moines ou des artistes nomades dont on ne connaît guère que les œuvres; leurs noms sont oubliés. Les fastes de cette Ecole ne commencent qu'au seizième siècle. François Ier ayant fait venir à sa cour quelques italiens de grand renom, Léonard de Vinci, André del Sarte, le Primatice, ceux-ci fondèrent une Académie où l'on vint oublier les leçons des maîtres gothiques, et recevoir celle des hardis novateurs qui recommandaient avant tout l'étude de la nature. On retrouve la manière du Primatice dans les portraits de Janet et de Démoustier, ainsi que dans les ouvrages sur verre et sur bois de Jean Cousin. Martin Fréminet, né en 1567, imita Michel-Ange.

L'Ecole française ne cesse d'imiter que dans les premières années du dix-septième siècle. Elle cherche alors et trouve une direction nouvelle. Tandis que Valentin s'exerçait encore à faire de très habiles pastiches du Caravage, Simon Vouet, négligeant les contrastes, les effets, les séduisants prestiges de la couleur, essayait de peindre dans une demi-teinte cendrée des figures calmes, douces et graves, avec cette intelligente animation du regard qui caractérise le type français. Dans le même temps, paraissent à la fois Poussin, Lesueur, Lebrun, et l'Ecole française est fondée.

Lebrun est un des plus grands maîtres dans l'art de la composition; mais sa peinture, sèche, aride, est trop dépourvue de ce qui charme les sens. Poussin se range au premier rang parmi les peintres qui ont prétendu rendre des pensées avec des formes et des couleurs. On l'a surnommé le *peintre philosophe*, et à bon droit; personne n'a su mieux que lui mettre d'accord l'expression du visage et le mouvement, le geste des autres parties du corps; personne n'a introduit en scène d'une manière plus saisissante, plus dramatique, un aussi grand nombre de figures concourant à la même action. C'est un coloriste tempéré; mais il a prouvé, même dans les paysages, qu'on peut obtenir les plus grands effets avec des demi-tons, pourvu que l'agencement des lignes ait un noble caractère, pourvu que la majesté de l'ensemble ne soit pas altérée par la vulgarité des détails. Eustache Lesueur est le peintre des âmes pieuses et tendres : il tient à Fénelon par les mêmes liens de parenté que Poussin à Bossuet. Les sujets qu'il traite de préférence appartiennent à la vie monastique : il n'y a pas de motif qui lui convienne au même degré que l'extase d'une âme ravie par la contemplation des choses divines.

Il ne paraît pas qu'il y ait beaucoup de rapport entre les œuvres de ces trois maîtres : par la forme et même par le fond, elles diffèrent beaucoup. Cependant, qu'on y regarde, et l'on distinguera bientôt, sous les différences superficielles, une chose qui leur est commune. Cette chose est la recherche de l'expression. Il y a peu de peintres français qui aient fait école. Lebrun, Poussin, Lesueur, n'ont pas eu d'élèves et de continuateurs, comme Raphaël, Titien, Rubens, Ruysdaël et les autres inventeurs de nouvelles formes, de nouvelles manières. Et, toutefois, ne juge-t-on pas, du premier coup d'œil, qu'un tableau, d'une couleur forte ou faible, d'une forme molle ou sévère, est un tableau français? Pour que ce jugement soit aussi facile, il faut que toutes les œuvres de l'Ecole française se ressemblent par un trait saillant. Ce trait, qui n'échappe pas à l'analyse, c'est l'expression. Les peintres italiens ont, après les sculpteurs grecs, créé la belle forme; les Flamands sont arrivés à la perfection dans l'emploi de la couleur; le propre de la peinture française est d'animer la nature, d'attribuer à chaque chose une signification claire et précise, de saisir le regard et l'intelligence par l'énergique simplicité de l'expression.

Les contemporains de Poussin et de Lesueur furent Philippe de Champagne, que l'on compte quelquefois parmi les peintres flamands, Mignard, Jouvenet, Séb. Bourdon, Jacques Courtois, dit le Bourguignon, Noël Coypel, qu'il ne faut pas confondre avec son fils Antoine. Ensuite parurent Joseph Parrocel, Bon Boullongne, Largillière, Hyacinthe Rigaud et François Lemoine qui ne s'éloignèrent pas trop de la grande manière du Poussin et de Lebrun. Les Lenain firent des tableaux de genre qu'on peut comparer à ceux des meilleurs Flamands. Claude le Lorrain passe pour les avoir surpassés dans le paysage. Qu'il ne s'agisse pas de prééminence, et que l'on considère simplement en quoi se distinguent les tableaux du Lorrain et ceux de Weynants, de Ruysdaël, de leurs condisciples. Comme Weynants et Ruysdaël, le Lorrain observe et représente scrupuleusement la nature : mais la nature des peintres flamands est muette ; celle du peintre français a, si l'on peut ainsi parler, l'animation de la vie morale, et suivant sa volonté, elle exprime, elle inspire tour à tour les sentiments les plus divers.

Avec le dix-septième finissent, en France, les grandes écoles. Dans les arts, comme dans les lettres, le caprice vient occuper la place du goût. Watteau éblouit tous les yeux par ses charmantes coquetteries de sa brosse féconde. Restout, Carle Vanloo, Subleyras font preuve d'esprit et d'adresse dans un genre plus élevé, mais n'atteignent pas le style. Joseph Vernet peint habilement, mais avec plus de fermeté que de finesse, des marines et des paysages. Greuze arrive, en cherchant la vérité naïve, aux derniers raffinements de l'afféterie. On a tout-à-fait oublié l'exemple et les leçons de Poussin et de Lesueur.

Depuis ce temps, l'Ecole française est en proie aux révolutions et aux réactions. David, l'austère David, prétend rétablir les anciennes règles; mais, trop ardent à réprimer les écarts de l'imagination, à proscrire les procédés de la peinture facile, il se jette dans les excès contraires. C'est une révolution qu'il entreprend et qu'il accomplit, au nom du goût méconnu, au nom des principes outragés; mais puisque cet éminent révolutionnaire n'est pas lui-même exempt de fanatisme, comment espérer que ses disciples auront plus de mesure et de modération? A cette période appartiennent encore Prudhon, Gérard et Gros. Gérard vit les commencements et Gros vit le triomphe de la réaction qui a précipité l'école de David et rétabli les affaires de la peinture pittoresque.

Telle est, en peu de mots, l'histoire des trois Ecoles principales. Dans un ordre inférieur se placent l'Ecole allemande et l'Ecole espagnole.

L'Ecole allemande reconnaît pour chef Albert Durer, qui mourut dans les premières années du seizième siècle. Martin Schoen, Lucas Kranach, Jean Holbein, furent les dignes émules de sa renommée, et ils eurent de nombreux disciples, parmi lesquels il faut citer Heemskerk, Goltzius, Floris et Adam Elzheimer. L'Ecole allemande finit avec le seizième siècle, pour renaître vers le milieu du dix-huitième. On louera, dans les tableaux de ses maîtres, une étude consciencieuse des formes et une remarquable simplicité d'exécution; mais on regrettera qu'ils aient trop sacrifié le relief aux contours, et trop dédaigné les ressources de la demi-teinte et le charme du coloris.

C'est le reproche contraire qu'ont mérité les peintres espagnols. Coloristes fougueux, intempérants, ils ont à peine tenu compte de la forme, et, ne poursuivant que les effets incertains, ils ont chargé la teinte locale de voiles épais et même grossiers. Ce qui fait le charme de leurs œuvres, c'est l'énergie du pinceau, énergie souvent tempérée par la tendre douceur de l'expression : ce qu'on y blâme, c'est l'incorrection. Les principaux maîtres de l'Ecole espagnole sont Moralès, Juan de Joanès, Herrera-le-Vieux, Ribera, Velasquez, Zurbaran, Murillo, Espinosa, Moya.

De toutes ces Ecoles, qui se sont produites avec un succès inégal, dans le même temps ou à des époques diverses, on ne compte plus aujourd'hui que l'Ecole flamande, l'Ecole française et l'Ecole allemande.

Les Flamands et les Allemands ne prétendent qu'imiter leurs ancêtres, et se montrent religieux copistes de leurs défauts comme de leurs qualités. Le génie français, toujours original, toujours inventif, cherche, au contraire, à se dégager des traditions et à produire un art nouveau. C'est peut-être une visée bien téméraire. On reconnaît, toutefois, que l'Ecole française occupe aujourd'hui le premier rang, et l'étranger lui-même rend hommage au mérite éminent de nos artistes.

Il est facile de mettre toutes les ruines sur le compte des révolutions. Cependant on n'osera pas dire qu'en général les révolutions aient négligé de rendre hommage au génie des grands artistes, ou les aient mal inspirés. Ce qui, de nos jours, arrête le progrès des arts, c'est moins l'état des affaires que l'état des esprits. Comment les artistes s'emploieraient-ils à produire des œuvres savantes, quand la science est dédaignée? Puisqu'ils doivent s'adresser au public pour lui demander la fortune et la gloire, ils n'iront pas l'offenser, mais travailleront à le satisfaire. Or, le goût du public ne supporte pas aujourd'hui la peinture de style; il ne comprend et n'encourage que la peinture de genre. Espérons que cette disposition des esprits ne se maintiendra pas : elle ferait bientôt avorter les brillantes promesses de notre jeune école!

LIBRAIRIE L. CURMER,
47, RUE RICHELIEU.

OUVRAGES ADOPTÉS PAR L'ASSOCIATION
POUR L'ÉDUCATION POPULAIRE.

---

2 — **Première lettre à mon ami Jacques. — Des Riches,** par M. Maurice BLOCK.................... 10 c.

3-4 — **Manuel du Juré,** par M. BAROCHE, représentant du peuple........... 20

14-15 ⎫ **Instruction civique des Français,** par M. AMYOT, avocat à la Cour d'appel de Paris............ 40
16-17 ⎭

18 — **Histoire de Marcillot,** par M. Clément d'ELBHE, *adoptée par le Conseil de l'Instruction publique*...... 10

19 — **Philippe le Batelier,** par le même. 10

20-21 — **Deuxième lettre à mon ami Jacques. — De l'Impôt,** par M. Maurice BLOCK..................... 20

22-23 — **Troisième lettre à mon ami Jacques. — Le Budget,** par le même. 20

24-25 — **Principes de Dessin linéaire et de Géométrie pratique,** par M. JACQUE, directeur de l'école élémentaire de Châlon-sur-Saône.... 20

26-27-28 — **Éléments d'Histoire universelle,** par M. A. MACÉ, professeur d'histoire à la Faculté des lettres de Grenoble.................. 30

29-30 — **Devoir et Bonheur,** par M. RUCK, inspecteur de l'instruction primaire 20

31-32 — **Bienfaits de l'Épargne,** par madame RUCK..................... 20

33-34 — **Histoire d'une rose**, écrite par elle-même ; par M. Clém. D'Elbhe. 20 c.

35-36 — **Manuel des devoirs de la vie**, à l'usage de la jeunesse, *adopté par le Conseil de l'Instruction publique*. 20

37-38 — **Jeanne Darc**, par M. Frédéric Lock, *adopté par le Conseil de l'Instruction publique*............... 20

39-40 — **Les petits auxiliaires du cultivateur**, par M. de Frarière... 20

41-42 — **La France**, par M. J.-C. Hérard. 20

43 — **Le Livre des cent Vérités**, par M. Alph. Karr................. 10

50-60 — **Leçons élémentaires de sciences naturelles appliquées à l'hygiène**, par M. Le Maout. NOTIONS DE CHIMIE ET DE MINÉRALOGIE — 1re partie : *Corps simples non métalliques, Métaux terreux et alcalins*. 11 Liv. 1 f. 10

100 à 110 — **Cours élémentaire d'agriculture pratique**, par M. Laureau, 1 f.

110 à 421 — **Manuel chronologique de l'Histoire de France**, *depuis l'établissement des Francs dans les Gaules, jusqu'au 24 février 1848*, par M. Antonin Macé, professeur d'histoire à la Faculté des Lettres de Grenoble............... 1 f. 20

122 à 153 — **L'Économie politique du Peuple**, par M. G. Ginoulhiac, 1 f. 10

44 — **Récits et Pensées**, par M. Grun. 10

45-46-47 — **Description physique de la France**, par M. Fréd. Lacroix... 30

10629   Imp. Maulde et Renou, r. Bailleul.

www.ingramcontent.com/pod-product-compliance
Lightning Source LLC
Chambersburg PA
CBHW071201240526
45470CB00017B/1222